AF555146

ÉLOGE HISTORIQUE

DE

MALESHERBES.

IMPRIMERIE ET FONDERIE DE FAIN,
RUE RACINE, N°. 4.

ÉLOGE HISTORIQUE
DE
MALESHERBES.

PAR M. ROZET.

Incorrupta fides, nudaque veritas.
HORACE.

PARIS.
THÉOP. BARROIS ET BENJ. DUPRAT, LIBRAIRES,
RUE HAUTEFEUILLE, N°. 28.

JUIN 1831.

AVERTISSEMENT

DE L'AUTEUR.

Cet ouvrage a concouru pour le prix d'éloquence proposé par l'Académie française. Je ne prétends pas protester contre le jugement de l'Académie : je suis bien persuadé d'avance qu'elle a couronné le meilleur discours, et je n'aurais pas fait imprimer le mien si le sujet eût été purement littéraire. Mais, dans ce temps-ci, l'éloge historique de Malesherbes est intimement lié à la politique. Le bruit court que plusieurs de mes juges ont désapprouvé mes opinions et la manière dont je me suis exprimé sur la révolution de juillet. Ce bruit pourrait donner lieu à des interprétations diverses, et plus ou moins erronées : je publie mon discours pour qu'on connaisse mes opinions telles qu'elles sont.

Juin 1831.

ÉLOGE HISTORIQUE

DE MALESHERBES.

Incorrupta fides, nudaque veritas.
(HORACE.)

MALESHERBES..... Quel nom! Son éloge public et la révolution de juillet..... Quel contraste! Ce roi, qui viola ses sermens, ce roi justement déposé, c'est le frère de Louis XVI, que Malesherbes défendit, pour lequel il est mort; et le petit-fils de Malesherbes s'est dépouillé de la pairie pour rester, comme lui, fidèle à des princes déchus. Enfin, cette révolution qui s'est signalée par un admirable respect des personnes et des choses, qui comprend toutes les opinions, respecte tous les cultes, honore toutes les belles actions, n'a pas pu constamment retenir un peuple agité dans les voies de la tolérance et de la modération. Quelques hommes indignes d'elle ont commis des excès honteux contre des monumens, des législateurs et des prélats; des dissentimens dans l'opinion victorieuse ont été menacés comme des crimes.... sera-t-il permis de célébrer Malesherbes ?

D'un autre côté, ses efforts en faveur du peuple paraîtront-ils aussi nobles, aussi méritoires qu'ils le furent en effet, maintenant que nous jouissons sans opposition de tous les droits qu'il réclamait pour ses concitoyens; maintenant que la réalité a dépassé de beaucoup ses vœux et ses espérances; maintenant que la liberté ne peut plus avoir d'autre ennemi qu'elle-même, d'autres dangers que ses propres exagérations ?

Mais il y aurait ingratitude à oublier dans notre victoire les services des premiers combattans; il y aurait lâcheté à priver un homme de bien de cet éloge public, parce que l'objet de son dévouement sublime fut un membre de la branche aînée des Bourbons ; parce que sa famille reste attachée à cette branche répudiée par la nation. On peut approuver la révolution de juillet et admirer Malesherbes. La vertu ne perd pas de son prix au gré des opinions et des événemens ; elle est de tous les temps et de tous les régimes ; et s'il y avait aujourd'hui quelque courage à louer Malesherbes, cet hommage en serait plus digne de lui, modèle constant d'indépendance et de courage.

Oui, nous honorons non-seulement le grand citoyen, le philosophe éclairé, le véritable ami du peuple, mais encore le serviteur d'un roi malheureux, le consolateur d'un prisonnier, le défenseur d'un accusé. Il y a dans Malesherbes deux hommes, dans sa vie deux époques, dans son caractère deux ordres de sentimens et de vertus qu'on ne doit pas séparer dans son éloge, car leur alliance fait sa gloire. On a vu des hommes proclamer les droits de l'humanité avec autant de chaleur et d'énergie, d'autres s'honorer par le même dévouement au malheur. Il eut des compagnons à la barre de la

Convention ; il en eut sur l'échafaud. Mais ceux qui avaient demandé, comme lui, la liberté politique, ne défendirent pas le roi menacé du supplice ; et ceux qui le défendirent avec lui n'avaient pas demandé la liberté pour leur pays. Lui seul, après avoir vainement conseillé au roi des réformes nécessaires, après lui avoir vainement signalé l'injustice de la résistance, lui seul le quitta sur le trône, accourut à lui dans sa prison, périt avec lui et pour lui. « Je plaidai pour le peuple au » tribunal de mon roi, » dit-il lui-même dans ses remontrances de 1775 ; la retraite en fut le prix. Plus tard il plaida pour le roi au tribunal du peuple : sa récompense fut l'échafaud ; mais, depuis, les rois lui ont élevé des statues, et les peuples bénissent sa mémoire.

Tantôt les circonstances manquent aux hommes, tantôt les hommes aux circonstances : de là tant de réputations incomplètes ou ternies. Malesherbes eut l'avantage de se trouver dans de grandes circonstances, et le mérite d'être constamment aussi grand qu'elles. Il avait reçu de la nature une belle âme et des talens peu communs. Mais sa naissance, sa profession et son siècle influèrent fortement sur l'essor que prit son âme et sur l'usage qu'il fit de ses talens.

Il était né dans une classe qui avait en quelque sorte le privilége de l'indépendance, et par conséquent de la fermeté. L'indépendance de la magistrature était assurée par l'hérédité des offices et par la fortune. Sa fermeté tenait encore à l'amour de la justice, à l'esprit de corps et à l'attrait du pouvoir; il y entrait enfin une sorte de rivalité avec la noblesse de cour, descendue de ces hauts barons qui avaient dédaigné de rendre la justice, depuis qu'on ne la rendait plus les armes à la main. Comme la noblesse de cour était en possession des plus hautes dignités de l'état, des fonctions les plus brillantes et des faveurs royales, comme elle affectait souvent d'humilier la noblesse parlementaire, celle-ci se trouvait moins disposée sans doute à complaire au gouvernement, presque toujours dirigé par de grands seigneurs. Malesherbes apprit donc dès l'enfance, et presque à son insu, à résister au pouvoir. Plus tard il comprit qu'il ne suffisait pas de lui résister quand il était injuste, mais qu'il fallait le limiter pour lui ôter le pouvoir de l'être.

Sa profession, l'habitude de peser les droits de chacun et de protéger le pauvre contre le riche, le faible contre le fort, développèrent encore ces dispositions. Appliquant à l'organisation sociale les règles de l'immuable justice, il remonta facilement des droits individuels aux droits généraux, des lois civiles aux institutions politiques; il arriva ainsi à l'égalité, à la liberté individuelle, à celle de la presse et des cultes, au vote de l'impôt, et à la nécessité d'une représentation nationale.

Enfin, son siècle agit puissamment sur ses idées, ses écrits et sa conduite. Lorsqu'il naquit[1], Louis XIV venait de mourir : la société se précipitait de l'esclavage dans la licence. Il semblait qu'elle voulût regagner en quelques mois tout ce qu'elle avait perdu de liberté pendant un si long règne. Comme aujourd'hui on pensait, on parlait hardiment sur tout; mais ce qui est, aujourd'hui, l'exer-

[1] Le 6 décembre 1721.

cice d'un droit légal et l'heureux fruit de nos institutions, était alors une attaque contre les institutions existantes. Quand Malesherbes entra dans le monde, cette opposition générale était en pleine vigueur. C'était comme une sève intellectuelle qui bouillonnait et renversait tous les obstacles. « Il s'est élevé, » dit Malesherbes, un tribunal indépendant » de toutes les puissances, et que toutes les » puissances respectent, qui apprécie tous » les talens, qui prononce sur tous les genres » de mérite; et dans un siècle éclairé, dans » un siècle où chaque citoyen peut parler à » la nation par la voie de l'impression, ceux » qui ont le talent d'instruire les hommes ou » le don de les émouvoir, sont au milieu du » public dispersé ce qu'étaient les orateurs » de Rome et d'Athènes au milieu du peuple » assemblé [1]. »

Malesherbes fut un des organes les plus imposans de ce tribunal philosophique. Il le fut à la tête de la Cour des aides, par une foule de remontrances graves, énergiques, éloquentes; il le fut à la tête de la librairie, par

[1] Discours de réception à l'Académie française, 1775.

les publications qu'il encouragea ou qu'il permit.

C'est une étrange singularité que de voir le même homme obligé, comme magistrat, de résister au pouvoir dans la perception des impôts, et chargé par le pouvoir de le seconder, comme administrateur, dans l'asservissement de la presse. Les ministres de Louis XV auraient-ils compris qu'une résistance sage et mesurée peut servir d'appui et de sauvegarde ? L'étonnement redouble, si l'on considère qu'on choisissait pour enchaîner la presse un philosophe qui voulait son affranchissement, qui écrivait en sa faveur, qui aidait les gens de lettres à éluder l'absurde rigueur des lois existantes, qui favorisait la publication de l'Encyclopédie, et corrigeait lui-même les épreuves de l'Émile! N'en cherchons point la raison : ce fut un hasard. Ceux qui confièrent les sceaux à M. de Lamoignon, par des motifs qui lui étaient purement personnels, n'avaient point examiné si le nouveau chancelier placerait son fils à la tête de la Cour des aides et de la librairie; et surtout ils n'avaient pas prévu la manière dont Malesherbes, encore peu connu, remplirait ces deux fonctions. Dans la science politique, combien d'incertitudes! Les grandes choses naissent des petites, les petites des grandes; et les hommes d'état, qui prétendent à diriger les événemens, n'en sont souvent que le jouet ou les victimes.

L'institution de la Cour des aides avait un double but : d'une part, assurer la perception des impôts; de l'autre, s'opposer à l'établissement de toute taxe arbitraire, et réprimer les abus commis dans la perception. Mais une administration dévorante augmentait sans cesse les dépenses et les impôts. La Cour des aides s'opposait à l'enregistrement des édits : on la forçait à les enregistrer sans les connaître; elle était réduite à des remontrances inutiles. La pesanteur des taxes s'aggravait encore des abus de la perception, abandonnée à toute l'avidité de l'intérêt particulier. La Cour des aides, seule protectrice du peuple, poursuivait ses oppresseurs : on arrêtait ses poursuites commencées, on annulait ses arrêts; on faisait grâce des peines qu'elle infligeait. C'est alors que Malesherbes adressait au roi ces belles remontrances où respirent la justice et l'humanité. Ces harangues n'ont pas l'éclat et le ton animé de la tribune : pleines de logique et de sensibilité, ouvrage à la fois d'un excellent esprit et d'un noble cœur, elles empruntent l'appui de la science et l'autorité de la modération. Ce Malesherbes si simple, si bonhomme, s'enflammait d'une généreuse chaleur quand il proclamait un droit ou qu'il défendait un opprimé. Il devenait éloquent, mais il était surtout homme de bien ; on l'admirait : on l'aimait plus encore.

Tantôt c'est un infortuné qu'il protége, une injustice qu'il répare, des traitemens odieux et révoltans qu'il punit.

Monnerat avait été enfermé à Bicêtre en vertu d'une lettre de cachet, enseveli pendant six semaines dans des cachots souterrains où le jour ne pénétrait jamais, chargé de chaînes, réduit au pain et à l'eau, et ensuite retenu en prison pendant vingt mois encore. Son crime ?..... on l'avait pris pour un autre dont le nom ressemblait au sien; cet autre était seulement *soupçonné* de faire la contrebande du tabac; et, en attendant qu'on pût en chercher la preuve, on le traitait ainsi *par provision*. Monnerat, sorti de prison, sait qu'il y a une Cour des aides, et qu'elle a pour chef Malesherbes : il demande réparation et l'obtient prompte et solennelle : la Cour condamne les fermiers-généraux à 50,000 francs de dommages-intérêts. Le roi cassa, le croirait-on? l'arrêt de la Cour des aides, et Malesherbes fut mandé devant lui. Saisi d'une sainte indignation, il adressa au monarque abusé ces remontrances de 1770, où il flétrit sans ménagement les vexations des fermiers-généraux, l'injustice des évocations, la révoltante préférence accordée aux persécuteurs sur leurs victimes, aux coupables sur leurs juges, et le scandale des lettres de cachet.

Tantôt enfin c'est un autre coupable qu'il poursuit, que la protection des ministres arrache à sa justice, mais qu'elle ne peut arracher à une flétrissure éclatante.

Le ministère de Louis XV, qui méditait la dissolution des cours souveraines, assez hardies pour lui résister, préludait à leur abolition par l'injure et la calomnie. Varenne, son agent, avait publié un libelle infâme contre la Cour des aides, Malesherbes le fit poursuivre et condamner par contumace. Assurément, la Cour et son chef étaient au-dessus de semblables outrages; mais ils voulaient, ils devaient punir l'intention criminelle d'avilir une magistrature tutélaire et de faciliter par là sa destruction.

Le roi donna au coupable le cordon de Saint-Michel. Malesherbes le fit décréter de prise de corps, et le jugement définitif allait être rendu, lorsque Louis XV lui fit expédier des lettres d'abolition, qu'il envoya à l'enregistrement de la Cour des aides. Mais Varenne fut obligé d'y paraître à genoux et d'y subir, par la bouche de Malesherbes, cette condamnation morale : « Le roi vous » accorde des lettres de grâce; la Cour les » entérine : retirez-vous. La peine vous est » remise, mais le crime vous reste. »

Il y a bien loin de Monnerat et de Varenne au contrat social réalisé, à la souveraineté du peuple exercée, à la couronne offerte et reçue moyennant conditions; mais la constitution de 1830 était en germe dans ces faibles essais de résistance, et il y avait alors du courage à proclamer les droits des citoyens et les devoirs des rois.

Comme magistrats, les vertus de Malesherbes suffisaient à son rôle; comme chef de la librairie, ses lumières pouvaient l'embarrasser. Chargé de surveiller les gens de lettres et les savans dont il partageait les idées, aristocrate par naissance et défenseur du peuple par inclination, philosophe et fils d'un chancelier dévot, il dut souvent trouver un problème où d'autres n'auraient vu qu'une règle administrative. Il existait alors un gouvernement qui reposait depuis bien des siècles sur le droit divin et la légitimité. Ce droit divin, c'était la force : cette légitimité, une ancienne usurpation. Ce gouvernement comptait pour rien l'assentiment du peuple, possédait des sujets et ne reconnaissait pas de citoyens, regardait la France comme son patrimoine et les hommes comme des accessoires du sol. La civilisation avait marché : il restait stationnaire; la lumière avait jailli : il fermait les yeux. Attaqué par mille ennemis intérieurs, dévoré par d'innombrables abus, tombant en ruines de toutes parts, il ne songeait ni à réparer, ni à rebâtir l'édifice; il voulait seulement empêcher le jour de pénétrer dans son enceinte délabrée. Il ressemblait à ces pauvres orgueilleux qui rougissent de leur misère et dissimulent leurs vices, mais qui ne veulent ni travailler, ni se corriger. Que devait faire Malesherbes, agent supérieur de ce gouvernement? Condamner la presse au silence? Mais le philosophe pouvait-il oublier que les lumières sont, comme les richesses, un bien qu'on doit partager avec ceux qui en manquent; que si l'aisance diminue pour l'homme la tentation de malfaire, l'instruction l'empêche d'y succomber? Le politique prévoyant pouvait-il ignorer que l'ordre social était constitué en sens inverse de la justice et du vœu public, et qu'il fallait le modifier? Malesherbes fit, comme en tout temps et en toute occasion, ce qu'il crut être son devoir. Il usa librement, suivant ses lumières et sa conscience, du pouvoir qu'on lui avait confié. Il ne pensa point qu'on servirait la monarchie par une aveugle résistance à des vœux raisonnables. Il voulut lui laisser le mérite des réformes; mais il permit qu'on lui en fît sentir la justice et la convenance : il permit que le cri public arrivât jusqu'à elle. On l'en a blâmé cependant : son dévouement n'a pu obtenir grâce pour ses lumières ; des hommes inattentifs et chagrins, qui n'ont compris dans la révolution que leurs intérêts blessés, ont attribué cette catastrophe à la manière libérale et philosophique dont Malesherbes dirigea la presse ; comme s'il dépendait d'un seul homme, fût-il un homme de génie, fût-il Napoléon, de faire une révolution qui n'est pas dans les esprits, de l'empêcher quand elle y est ! Napoléon, simple citoyen, monta sur le trône parce qu'on était las de la liberté devenue l'anarchie ; Napoléon, maître de l'Europe, descendit du trône parce qu'on était las de la gloire devenue la tyrannie. S'il était un seul moyen de prévenir ces terribles secousses, c'était de donner volontairement ce que la nation désirait ; et c'est ce que voulait Malesherbes. Dites, conseillers si judicieux après coup, dites, prophètes infaillibles du passé, est-ce dans la publication de l'Émile et de l'Esprit des lois, est-ce dans l'état civil rendu aux protestans, dans l'abolition de la question et des derniers vestiges de la servitude, qu'on pouvait découvrir la chute d'un trône et la proscription d'une race royale? N'est-ce pas plutôt dans la résistance coupable d'une aristocratie qui défendait tous les abus comme son patrimoine, dans les obstacles qu'elle apporta sans cesse aux bonnes intentions de Louis XVI et aux sages conseils de Malesherbes? Si ces conseils eussent été écoutés, si les états-généraux eussent été assemblés dès l'avénement de Louis XVI, peut-être eussent-ils prévenu l'effroyable catastrophe que plus tard ils firent éclater; et les bienfaits d'une régénération sociale, au lieu de paraître à la suite des plus horribles calamités, seraient descendus paisiblement du trône qu'ils auraient affermi, sur la France qu'ils auraient satisfaite et calmée. Malesherbes annonçait une révolution terrible si la cour résistait aux réformes : la cour fut opiniâtre, et cette révolution éclata, et tout disparut devant elle, le trône, les institutions, le monarque, son sage ministre, ses imprudens conseillers. Mais que ces aveugles qui sont tombés dans le précipice malgré les avis de leur guide, et l'ont entraîné avec eux, ne s'en prennent point à lui de leur chute!

Malesherbes, à la tête des sciences et des

lettres, offrait encore une singularité, c'est qu'il était lui-même littérateur et savant. Il n'était point de ces administrateurs universels, qu'on croit propres à tout parce qu'ils ne sont spécialement propres à rien. Il avait étudié l'histoire naturelle avec Buffon et Daubenton, la botanique avec les Jussieu, la physique avec d'Alembert; il connaissait l'agriculture et les arts utiles; il savait l'histoire, il écrivait avec talent. Il était, comme Fontenelle seul avant lui, comme Bailly seul après lui, des trois académies. Il appréciait donc mieux que personne toute l'utilité des sciences, toute la puissance des lettres; il était lié depuis long-temps avec tous ceux qui cultivaient les unes et les autres; et il exerçait sur eux une influence de persuasion et de douceur plus efficace que les précautions inquiètes et la force répressive.

Parmi les hommes supérieurs du dix-huitième siècle, il fréquenta surtout J.-J. Rousseau. « J'eus de nouvelles preuves de sa » bonté, dit J.-J., au sujet de l'impression de » la *Julie*; car, les épreuves d'un si grand ou- » vrage étant fort coûteuses à faire venir » d'Amsterdam par la poste, il permit, ayant

» ses ports francs, qu'elles lui fussent adres-
» sées, et il me les envoyait franches aussi,
» sous le contre-seing de M. le chancelier son
» père [1]. Ainsi la brûlante correspondance des deux amans et les tirades philosophiques de mylord Édouard circulaient librement et gratuitement, grâce au couvert du grave et religieux chancelier, qui ne les lisait pas, et probablement parce qu'il ne les lisait pas.

C'est à Malesherbes que J.-J. fit l'éloquente confidence de l'inspiration rapide qui produisit son premier ouvrage, le discours couronné par l'Académie de Dijon, de l'extase ravissante qu'il éprouva sous un arbre de l'avenue de Vincennes, des torrens de larmes qu'il y répandit à son insu [2], et de cet enfantement pénible et délicieux qui révélait subitement le génie d'un grand écrivain.

Le chancelier de Lamoignon ne paraissant pas propre à exécuter le grand œuvre qu'on méditait, la destruction des parlemens, fut remplacé en 1768 par Maupeou; et celui-ci

[1] Confessions, part. II, livre X.
[2] Lettre du 12 janvier 1762, tome XVI.

retira sur-le-champ à Malesherbes la direction de la librairie. J.-J. Rousseau écrivit au protecteur de *Julie* : « En apprenant votre » retraite, j'ai plaint les gens de lettres, mais » je vous ai félicité ; en cessant d'être à leur » tête par votre place, vous y serez toujours » par vos talens. Par eux vous embellissez » votre âme et votre asile : occupé des char- » mes de la littérature, vous n'êtes plus obligé » d'en voir les calamités : vous philosopherez » plus à votre aise, et votre cœur aura moins » à souffrir. »

Bientôt un édit de 1770 abolit le parlement de Paris, exila ses membres, et Maupeou le remplaça par une commission à laquelle le public infligea son nom, pour flétrir à la fois l'auteur par l'ouvrage, et l'ouvrage par l'auteur. En déclarant la guerre à l'opinion publique dont les parlemens étaient l'organe, ce ministère insensé avait aggravé la situation fâcheuse de l'état ; en les supprimant, il la rendit désespérée. Il posa lui-même cette question terrible : Le trône ou les libertés publiques. La nation prit parti pour ceux qui la défendaient contre ceux qui l'opprimaient, et de ce jour peut-être la révolution fut décidée; mais elle n'éclata que vingt ans plus tard. En 1830, nous avons vu la même situation se renouveler, et la même question posée se résoudre en trois jours.

La Cour des aides n'était encore ni frappée, ni menacée. Malesherbes l'assemble : il peint avec chaleur les lois fondamentales de l'état violées, la stabilité du trône compromise, le cours de la justice interrompu ; et Malesherbes porte au roi les plus vigoureuses remontrances.

Il l'avait prévu : la Cour des aides fut dissoute à son tour : une lettre de cachet l'exila lui-même dans sa terre ; et cet exil fut si rigoureux, qu'on ne lui donna que trois jours pour venir rendre les derniers devoirs aux restes d'un père vénéré. Il fallut quatre années, un nouveau règne, et le cœur généreux d'un jeune roi, pour que les parlemens et la Cour des aides vinssent reprendre leurs siéges. Ce jeune roi, ce cœur généreux, c'était Louis XVI ; celui qu'il choisit pour rétablir solennellement la Cour des aides, c'était le comte d'Artois. « Le roi, dit Malesherbes à ce prince, » a répondu au vœu de la nation en la con-

» sultant sur le choix de ses ministres, en
» nommant d'après le suffrage public les dé-
» positaires de son autorité.......

» Qu'on n'ose donc plus faire entendre ces
» maximes funestes :.......

» Que les représentations du peuple sont
» des commencemens de révolte; que l'au-
» torité est intéressée à soutenir tous ceux
» qui ont eu le pouvoir en main, lors même
» qu'ils en ont abusé; enfin, que les plus fi-
» dèles sujets du roi sont ceux qui se dévouent
» à la haine du peuple [1]. »

Charles X avait oublié les paroles adressées au comte d'Artois.

De même que la crainte de l'abolition de la Cour des aides n'avait point empêché Malesherbes de dire la vérité à Louis XV, sa reconnaissance pour le rétablissement de sa compagnie ne l'empêcha point de dire aussi la vérité à Louis XVI. Il lui fit peu après

[1] Discours au comte d'Artois, 12 novembre 1774.

une vive et fidèle peinture de tout ce que la nation souffrait, de tout ce qu'elle attendait du roi, et de ce que le roi lui devait; il invita le monarque à rendre à la nation ses droits naturels, à rétablir le régime municipal, et à convoquer les états-généraux. Bien différent de son prédécesseur, le jeune roi appela quelque temps après Malesherbes au ministère.

Louis XVI fut un prince doux, juste et bienfaisant. Ses intentions étaient droites, ses mœurs pures, sa piété sincère. Il avait de l'instruction et des lumières. Il respectait les lois, honorait la vieillesse, aimait les conseils, protégeait les sciences et les arts. L'héritier de tant de rois ne croyait pas que les peuples fussent la propriété des princes, et le diadème lui paraissait plutôt un pesant fardeau qu'un privilége digne d'envie. Il fut toujours personnellement prêt à donner ce que la révolution arracha : La Charte était dans son cœur. Cent ans plus tôt, cent ans plus tard, toutes ces vertus auraient assuré le bonheur public. Elles échouèrent alors contre la difficulté des temps, parce que Louis XVI manquait d'énergie; et peut-être eussent-elles encore échoué quand il y aurait joint l'énergie.

Informé à la campagne qu'il était nommé ministre, deux fois Malesherbes refusa. Le roi insiste, Turgot le presse ; il cède enfin, il part pour Versailles. Comme autrefois Sully, mandé à la cour de Louis XIII long-temps après la mort d'Henri IV, il excite, par la simplicité de son costume et de ses manières, le sourire moqueur des courtisans. Qu'importe ? il traverse cette foule sans la voir ni l'entendre, tout occupé de hautes pensées et de généreux desseins. Chargé du ministère qui délivrait les lettres de cachet, successeur de ce Lavrillière qui les prodiguait si libéralement, il va d'abord en restreindre l'usage pour en préparer la suppression totale. « C'est sur les ruines de la Bastille, s'écrie-t-il, que je veux élever la statue de » Louis XVI ! » Les prisons ne renfermeront plus que des criminels : les ignobles vexations, les vengeances clandestines vont cesser. Mais dans les cours, c'est peu d'être estimé du prince, utile au pays, cher à ses concitoyens ; il faut encore adorer la faveur et déjouer les intrigues. Malesherbes et Turgot sont en butte à mille piéges secrets, à mille attaques détournées qu'ils ignorent ou méprisent. Turgot y succombe, et le roi qui l'aime le sacrifie à des clameurs intéressées. Il a voulu toucher aux abus : les abus l'ont renversé. Malesherbes, isolé dans le conseil, traversé dans ses vues, renonce au ministère. Pourquoi le garder ? Il ne peut plus y faire le bien, et ne voudra jamais y faire le mal. En vain Louis XVI, qui honore sa vertu, emploie pour le retenir les prières les plus affectueuses : il reste inébranlable. « Vous êtes » plus heureux que moi, lui dit le roi : vous » pouvez abdiquer. » Comme si l'infortuné prince eût entrevu déjà, au lieu d'une abdition volontaire, la sanglante déchéance qu'on lui réservait.

Combien Malesherbes fut ému de cette exclamation douloureuse ! Combien, après l'attentat du 21 janvier, un si triste rapprochement lui fit verser de larmes ! Mais plus il chérissait son prince et son pays, moins il devait s'associer à une politique funeste pour tous deux. Il est prêt à sacrifier sa vie pour le roi : sa conscience, jamais ! Jamais il ne le conduira sciemment à sa perte ; sa fidélité même l'oblige à désobéir. Il le remplit ce pénible devoir, comme il les remplissait tous, sans ostentation, mais sans faiblesse.

Libre des affaires publiques, il retourna dans cette retraite chérie où renaissait Tusculum, où les pères le comblaient de bénédictions, où les enfans devançaient le jour pour arroser ses fleurs à son insu [1]. Il n'était plus ministre, il n'était plus magistrat; mais il était homme et citoyen : il pouvait servir encore l'espèce humaine et son pays. Percer des chemins, jeter des ponts, dessécher les marais, défricher les landes; acclimater les végétaux étrangers, perfectionner les instrumens aratoires, éclairer la pratique des lumières de la théorie, telle fut désormais l'unique pensée du solitaire. Instruisez-vous, disait-il avec Franklin : instruisez-vous pour être justes; soyez laborieux pour devenir meilleurs, économes pour devenir riches. Ces vertus qu'il conseillait, il en donnait l'exemple; mais ce n'est pas pour devenir plus riche qu'il était économe : c'est pour être plus bienfaisant. Il fit pour le lieu qu'il habitait ce qu'il avait voulu faire pour toute

[1] Malesherbes, bourg près de Pithiviers (Loiret).

la France pendant son ministère, ce qu'il aurait voulu faire pour le monde entier. Les procès étouffés, les haines éteintes, le travail excité, les bonnes mœurs encouragées, voilà les services que le simple citoyen rendit à sa patrie. On peut les en croire ces habitans de Malesherbes qui, pour détourner la hache levée plus tard sur leur bienfaiteur, racontaient ses vertus, et offraient leur vie pour racheter la sienne.

La retraite suffisait à ses goûts, elle ne suffisait point à ses études, ni à ses besoins philanthropiques. Il voyagea, non pas seulement comme les sages de la Grèce, pour enrichir son esprit de nouvelles idées, mais aussi pour connaître et rapporter dans sa patrie tout ce qui pouvait servir directement au bien-être de ses concitoyens; il voyagea en France, en Suisse, en Hollande. Sur les digues tutélaires d'Amsterdam, il recueille avec soin ces plantes qui, par l'heureuse propriété de leurs racines, soutiennent et affermissent les terres; il les rapporte en France, les fait cultiver au Jardin du Roi et naturaliser dans les campagnes pour y faciliter le dessèchement des marais, la conservation des chaussées et des canaux. Plus d'une fois, il fut surpris d'entendre son nom prononcé par des inconnus sur des sommets déserts. La réputation de l'homme de bien est une plante cosmopolite qui fleurit sous les climats les plus divers, et dont le parfum se répand au loin.

Dans les pays étrangers, Malesherbes observe les mœurs en philosophe, les lois en homme d'état. Les bons usages, comme les végétaux utiles, excitent sa jalousie patriotique. Il se livre avec ardeur à ces conquêtes innocentes qui enrichissent les uns sans dépouiller les autres, et tournent paisiblement au profit de la civilisation générale. Dans sa patrie, il couche sous le toit du pauvre et s'assied à la table de l'homme des champs; il entend leurs plaintes et leurs vœux, il voit ce qui leur manque. « Ah! si le roi le » savait, disent-ils à l'inconnu! » L'inconnu est Malesherbes, et le roi le saura. Quelquefois le voyageur se trahit par des traits d'une bonhomie touchante, d'une aimable gaieté, d'une charité affectueuse. « Vous êtes M. de » Malesherbes, » lui dit-on, et il est forcé d'en convenir.

Que cette vie patriarcale eût bien inspiré le pinceau de Greuze! Que n'a-t-il peint cet illustre vieillard, oubliant sa renommée la bêche à la main, plantant des arbres et posant des bancs pour assurer aux passans de l'ombre et du repos, construisant au bord des rivières des abris et des gradins pour faciliter aux femmes et aux enfans l'usage des eaux; visitant les paysans malades, les soulageant avec sa bourse, les consolant avec son cœur; offrant aux voyageurs l'hospitalité des premiers âges, le lait de ses troupeaux, les fruits de ses champs et de ses jardins; montrant avec modestie aux savans ses herbiers, ses minéraux, ses livres, quand c'est lui seul qu'ils viennent voir et entendre; voyageur à son tour, couchant sur la paille chez un curé de campagne, et, par une douce vengeance, demandant un canonicat pour le prêtre inhospitalier.

*

Mais si Malesherbes fut mal accueilli par un curé de campagne, il en fut bien dédommagé par un pasteur protestant. Pendant son voyage en Suisse, il lia conversation avec un pasteur nommé Vittenbach, qui ne le connaissait pas. — Je suis ministre, dit

celui-ci. — Moi, ex-ministre, répond Malesherbes. —L'entretien se prolongea, et le pasteur en fut si enchanté qu'il finit par dire à Malesherbes avec effusion de cœur : « J'i-
» gnore quel motif vous a fait quitter le
» ministère des autels, mais vous êtes un
» excellent homme; une cure de mon can-
» ton est sur le point de vaquer, et je veux
» en disposer pour vous. » — Malesherbes témoigne beaucoup de reconnaissance, mais sans se découvrir. Deux jours après, les deux voyageurs se rencontrèrent dans une assemblée nombreuse où l'on fit connaître Malesherbes au pasteur. Celui-ci lui dit sans se déconcerter : « M. de Malesherbes, il faut
» des lumières et une austère probité pour
» diriger les consciences; l'Europe vous les
» donne à un haut degré, et le saint ministère
» que je vous ai offert eût été bien rempli. »

Une autre fois, au sommet du Mont-Perdu, il accosta un officier de dragons; la conversation tomba sur la cour de Louis XVI. — Ne m'en parlez pas, dit l'officier, il n'y avait là qu'un bon ministre, et le roi a eu la maladresse de le renvoyer. — Peut-on savoir son nom? — Malesherbes. — Que voulez-vous? il était déplacé à la cour, il n'avait pas pour lui les formes. — Eh! qu'importent les formes quand le fond est excellent? — Vous connaissez donc particulièrement ce ministre? — Je ne le connais que par sa renommée. — Mais si la renommée venait à mentir? — C'est impossible : mais, monsieur le naturaliste, est-ce que vous n'aimez pas Malesherbes? Cela m'étonne, car vous êtes un bonhomme. — Monsieur, j'ai mes raisons pour ne pas le flatter. — En ce moment, un domestique de Malesherbes ayant nommé son maître, l'officier lui dit avec respect : « Monsieur, vous êtes le seul homme de » l'Europe à qui il pouvait être permis de » dire du mal de Malesherbes. »

C'est assurément un grand sujet de méditation, que ce citoyen dont la popularité résiste à l'exercice du pouvoir; que ce ministre en retraite excitant l'idolâtrie d'un peuple entier; obligé en voyageant de cacher sa gloire, comme les princes cachent parfois leur rang; soupçonné par un enthousiasme exigeant de ne pas aimer Malesherbes, et ne pouvant justifier sa froideur que par son nom!

Peu touché de cette gloire, dépourvu d'ambition, fatigué de la politique, Malesherbes « espérait, dit-il, finir ses jours dans » le silence et l'obscurité [1]; » mais il ne pouvait se résoudre à laisser les opprimés sans défenseurs. Il publia encore ses mémoires pour les protestans, s'éleva vigoureusement contre les lois odieuses qui leur refusaient l'état civil, et donna un traité complet de la liberté religieuse. Il avait ainsi, pendant le cours de sa longue et belle carrière, parcouru toutes les grandes questions politiques, porté partout la droiture de son cœur et les vives lumières de son esprit, signalé les maux du corps social et indiqué les remèdes. En relisant aujourd'hui ses divers écrits, on les prendrait pour autant de pétitions sur lesquelles la Charte aurait été rédigée.

Déjà dix ans s'étaient écoulés depuis que Malesherbes avait quitté les affaires publiques. On le rappela au conseil en 1787, mais sans fonctions actives; on voulait seulement jeter sur des mesures odieuses au public le

[1] Lettre à M. Boissy-d'Anglas, du 22 novembre 1790.

manteau trompeur de sa popularité. « Je
» vois, dit-il, dans un mémoire au roi, un
» danger imminent dans la situation des af-
» faires; je vois se former un orage qu'un
» jour la toute-puissance royale ne pourra
» calmer; je vois des fautes irréparables qui
» répandront l'amertume sur toute la vie du
» roi, et précipiteront son royaume dans
» des malheurs dont personne ne peut pré-
» voir la fin......... On dira peut-être que le
» danger que j'annonce ne peut pas être pro-
» chain; celui qui l'assurerait me paraîtrait
» bien téméraire. » Hélas! il ne manquait à
cette prophétie que la tour du Temple et le
21 janvier! Il demandait « qu'on tînt ce mé-
» moire secret, parce que, disait-il, s'il peut
» produire quelques fruits, il faut que ce soit
» au roi seul qu'on les attribue; et si on ne
» peut instruire le roi des vérités qui y sont
» contenues, il ne faut pas qu'on sache qu'elles
» lui ont été présentées. » Son cœur devinait
cette maxime constitutionnelle que tout le
bien doit être attribué au roi et tout le mal
à ses conseillers. Après d'autres avertissemens
inutiles, Malesherbes se retira une seconde
fois, plein d'inquiétude et de douleur.

Bientôt l'antique monarchie trembla sur ses fondemens. Ils s'ouvrirent enfin ces États-généraux, trop long-temps réclamés, trop long-temps ajournés, pour être alors sans danger; ils s'ouvrirent, et douze cents députés s'y précipitèrent, les uns impatiens de réformer, les autres impuissans pour maintenir; la plupart animés des plus nobles sentimens, des intentions les plus pures, mais emportés par un torrent qui devait tout entraîner. La tribune est d'hier, et déjà les orateurs sont en foule. Mirabeau s'élance à leur tête. Transfuge irréconciliable, il porte dans les rangs de l'aristocratie la guerre et le ravage. « Laissez-moi la combattre, disait-il, je » connais mieux le monstre! » Plus il est attaqué, contredit, surpris, plus il devient habile au combat et sûr de la victoire. La colère d'une cour indignée, les agitations d'une assemblée turbulente, les séditions populaires, expirent à ses pieds. Il déchaîne et calme à son gré les tempêtes, il brise et rétablit les digues, il caresse le peuple et combat les abus; mais il recule trop tard devant l'anarchie. Tout est démoli; savant architecte, il se flatte de rebâtir : il meurt, « emportant le

» deuil de la monarchie, dont les factieux » se partageront les lambeaux [1]. »

Si l'on remarque l'absence de Malesherbes au milieu de tant d'hommes éminens, on connaît du moins la place qu'il aurait occupée auprès d'eux. Intrépide et calme, supérieur aux menaces comme aux promesses, aux murmures comme aux applaudissemens de la cour et du peuple, seul, s'il l'eût fallu, dans le parti de la justice et de la vérité, il eût soutenu la royauté menacée : mais il lui eût demandé de s'imposer elle-même des limites nécessaires. Les sages partisans d'une monarchie constitutionnelle, Clermont-Tonnerre, Mounier, Lally-Tolendal, seraient venus s'asseoir à ses côtés. Il eût offert le premier modèle de ces royalistes éclairés, qui ne séparent point le dévouement de la conscience, et préfèrent, quand il le faut, le devoir de servir le prince au bonheur de lui plaire. Un rôle plus élevé l'attendait : et son troisième ministère auprès de Louis XVI allait bientôt commencer sous les verroux.

« Il semble, dit M. Boissy-d'Anglas, qu'à la

[1] Paroles de Mirabeau mourant.

» mort de Mirabeau la révolution ait perdu sa » providence [1]. » Elle flotta quelque temps incertaine ; et, ce grand phare éteint, elle se perdit dans les crimes. Dès que l'assemblée souveraine eut produit une constitution, elle abdiqua ; et, désintéressée jusqu'à l'imprévoyance, elle abandonna son ouvrage à la merci des hasards. Une autre survint, jalouse aussi d'innover. Celle-ci renversa la constitution de la veille, et le trône de quatorze siècles : la Convention ne pouvait plus qu'immoler le roi.

Ce fut un spectacle à la fois terrible et touchant que le roi de France amené devant un tribunal, comme un accusé vulgaire ; forcé de défendre sa vie contre des passions égarées et des haines implacables ; répondant aux accusations les plus absurdes et les plus odieuses, avec douceur, avec simplicité, presque sans surprise ; condamné par ses sujets à la peine des assassins, lui qui n'avait jamais voulu que le sang d'un seul homme coulât pour sa cause ; ne regrettant ni le trône, ni la vie, mais affligé de laisser

[1] Parallèle de Mirabeau et du cardinal de Retz.

ses défenseurs sans récompense ; « recom-» mandant à son jeune fils, s'il avait le mal-» heur de devenir roi, d'oublier toute haine » et tout ressentiment [1]; » mourant enfin le pardon sur les lèvres, avec la sérénité de l'innocence et la résignation de la foi !

Est-ce que les leçons de Bossuet n'avaient pas été comprises ? Pourquoi l'exécution d'un roi reparaît-elle après un siècle et demi, semblable à une comète sanglante? Comprenez donc enfin, princes et potentats : instruisez-vous une seconde fois, vous qui gouvernez le monde ! Reconnaissez ce qui est vrai, permettez ce qui est juste, accordez ce qui est raisonnable : c'est le seul moyen de raffermir vos trônes chancelans. Et vous qui soulevez les flots populaires, entendez aussi : instruisez-vous également, vous qui faites les révolutions ! Le brigandage et l'assassinat préparent mal le règne de la justice et de la raison. Le sang versé au nom de la liberté retombe sur sa tête. Voyez cette liberté forcenée qui répandit celui de son fondateur et de tant d'autres !

[1] Testament de Louis XVI.

qu'elle a long-temps et cruellement expié ses fureurs! Disparaissant à sa naissance dans les convulsions de l'anarchie, foulée aux pieds par un despotisme inouï dans nos annales, objet d'effroi pour tant de familles françaises et de défiance pour toute l'Europe, elle ne pouvait obtenir son pardon par ses présens; il a fallu, pour la réconcilier avec le monde, cette seconde révolution si rapide, si pure et si généreuse, qui n'a versé le sang que dans le combat et pour une légitime résistance, qui a protégé la fuite d'un roi déchu et la vie de ses conseillers captifs.

Quand Louis XVI fut mis en jugement, tous les cœurs étaient glacés d'épouvante: des piques sanglantes exigeaient de ses juges sa condamnation, et partout on désignait aux bourreaux ses partisans supposés. Que sera-ce de ses défenseurs certains et volontaires? Malesherbes se précipite au-devant d'un péril qui ne le cherchait pas. A l'âge de soixante-douze ans, père tendre et chéri, il oublie pour son roi son âge et sa famille. Il écrit au président de la Convention cette lettre simple et sublime qu'on ne peut lire sans un profond attendrissement : sa grande âme, sa belle vie, sa glorieuse mort, tout est là : Malesherbes y respire tout entier.

« J'ignore si la Convention donnera un » conseil à Louis XVI pour le défendre, et » si elle lui en laissera le choix; dans ce » cas-là, je désire que Louis XVI sache que, » s'il me choisit pour cette fonction, je suis » prêt à m'y dévouer.

» Je ne vous demande point de faire part » à la Convention de mon offre, car je suis » bien éloigné de me croire un personnage » assez important pour qu'elle s'occupe de » moi; mais j'ai été appelé deux fois au » conseil de celui qui fut mon maître, dans » le temps que cette fonction était ambi- » tionnée par tout le monde; je lui dois le » même service, lorsque c'est une fonction » que bien des gens trouvent dangereuse. Si » je connaissais un moyen possible de lui » faire connaître mes dispositions, je ne » prendrais pas la liberté de m'adresser à » vous; j'ai pensé que, dans la place que » vous occupez, vous aurez plus de moyen

» que personne pour lui faire passer cet
» avis. »

Dans son zèle inquiet, Malesherbes craint encore de compromettre des intérêts si chers : il appelle à son aide le savoir et l'habileté, Tronchet et Desèze. Tous trois se réunissent le soir en conseil chez le roi. Malesherbes vient au Temple tous les matins, fait lui-même les commissions du roi, l'informe de tout ce qui se passe, lui apporte les feuilles publiques. Un attachement si désintéressé touche quelquefois les impitoyables gardiens du Temple; et ceux qui outragent le prince captif honorent le serviteur fidèle. Malesherbes, Desèze et Tronchet! voilà donc les derniers ministres du roi de France! ils tiennent conseil dans une prison, et leur seule affaire est de sauver sa tête! La première fois que le vénérable Malesherbes monta l'escalier de la tour du Temple, ses genoux fléchirent, et il fut forcé de s'arrêter un instant, pour se remettre de son trouble. Vous ne le verrez plus trembler, quand il ira lui-même à l'échafaud. Louis XVI, en le voyant entrer, se jeta dans ses bras, et lui dit les larmes aux yeux : « Votre sa-

» crifice est d'autant plus généreux que vous » exposez votre vie, et que vous ne sauverez » pas la mienne. »

Quelquefois les défenseurs du roi cherchent à dissiper ses craintes : ils lui représentent la bonté de sa cause, la force des raisons qu'ils feront valoir. Louis leur sait gré de leurs intentions, mais il ne peut accepter leurs espérances : il sait trop que sa cause ne sera pas jugée sur les raisons présentées par ses défenseurs. « J'en suis sûr, » leur dit-il avec fermeté, ils me feront pé» rir; ils en ont le pouvoir et la volonté; » n'importe, occupons-nous de mon procès » comme si je devais le gagner; et je le ga» gnerai en effet, puisque la mémoire que je » laisserai sera sans tache. »

« Une fois que nous étions seuls, » raconte encore Malesherbes, « ce prince me dit : J'ai » une grande peine : Tronchet et Desèze ne » me doivent rien ; ils me donnent leur » temps, leur travail, et peut-être leur vie. » Comment reconnaître un tel service? Je » n'ai plus rien; quand je leur ferais un legs, » il ne serait pas acquitté; d'ailleurs ce n'est

» pas la fortune qui acquitte une telle dette.
» — Sire, lui dis-je, leur conscience et la
» postérité se chargeront de leur récom-
» pense, mais vous pouvez déjà leur en ac-
» corder une qui les comblera. — Laquelle?
» — Embrassez-les, sire. — Le lendemain
» le roi les pressa contre son sein; et tous
» deux fondaient en larmes en se précipi-
» tant sur ses mains [1]. »

Quand la sentence fut prononcée, Malesherbes voulut parler à son tour devant les juges; il voulut réclamer contre le mode de compter les suffrages, et demander l'appel au peuple, ou du moins un sursis. Le voici à la barre, cet orateur éloquent! il sanglote; il articule à peine quelques mots entrecoupés et supplians; tous ses efforts ne lui donnent qu'un déluge de larmes. A ce plaidoyer pathétique et imprévu, l'assemblée s'émut de pitié. Ceux qui avaient condamné l'accusé, ceux qui refusèrent le sursis, s'intéressaient au défenseur; mais Robespierre s'écria : « Je pardonne à Malesherbes. » Ce pardon, c'était la mort! La mort pour le défenseur comme pour l'accusé.

[1] Journal de Malesherbes.

Enfin, on n'en peut douter : l'échafaud de Louis s'élève. Qui s'offrira pour préparer la victime au sacrifice ? Le voici celui dont le malheur ne peut épuiser le dévouement. Il vient, il tombe aux pieds du roi, sans parole et sans force ; les sanglots le suffoquent: c'est lui qu'il faut consoler, et c'est le roi qui le console. « Je m'y suis toujours attendu, » lui dit Louis avec calme; au nom de Dieu, » mon cher Malesherbes, ne pleurez pas, nous » nous reverrons dans un monde plus heu- » reux. » Lorsque Malesherbes entra, fondant en larmes, il trouva le roi le dos tourné à la lumière, les coudes appuyés sur une table, le visage dans ses deux mains, et livré à une profonde méditation. Au bout de quelques instans, le roi lui dit : « Depuis deux » heures je suis occupé à chercher si, dans » le cours de mon règne, j'ai pu mériter » de mes sujets le plus léger reproche; Eh bien, » monsieur de Malesherbes, je vous le jure » dans toute la sincérité de mon cœur, comme » un homme qui va paraître devant Dieu, » j'ai constamment voulu le bonheur de mon » peuple, et je n'ai pas formé un seul vœu » qui lui fût contraire...... Combien je suis » touché de vos soins ! J'aurais voulu être

» en état de vous témoigner ma reconnais-» sance; j'ai bien peur, au contraire, que » votre attachement pour moi ne vous soit » funeste. . . . .
» Monsieur de Malesherbes, revenez de bonne » heure ce soir; ne m'abandonnez pas dans mes » derniers momens. » Malesherbes se présenta plusieurs fois encore ; mais il ne revit plus le roi qu'un instant devant ses geôliers. Dans les trois jours qui précédèrent sa mort, le prince, inquiet, s'approchait sans cesse de la fenêtre, en disant : « Je ne vois point arriver M. de Malesherbes ! « Il n'est pas revenu, » répondait-on ; et un raffinement inouï de barbarie les priva tous deux de cette triste et dernière satisfaction [1].

Quand le crime fut consommé, Malesherbes cacha son désespoir dans la solitude. Mais un ressentiment implacable s'était attaché à lui comme une flèche empoisonnée ; il l'avait dévoué à la mort, lui, ses enfans, ses petits-enfans, les trois générations à la fois. C'est sur l'échafaud qu'il recevra le pardon de Robespierre.

[1] Journal de Cléry.

Serait-il vrai que Malesherbes, dans l'égarement de sa douleur, se fût repenti de ses principes; qu'injuste envers lui seul il se fût accusé de la révolution ; qu'il eût rétracté de prétendues erreurs ? Ah ! sans doute, en voyant Louis XVI immolé, la France inondée de sang, la liberté compromise et souillée pour si long-temps par tant de forfaits, il gémit amèrement sur les malheurs de la patrie. Et, qui ne gémit point alors ? qui ne regretta le régime des abus sous le régime des échafauds ? Mais qu'une âme si ferme, qu'un esprit si judicieux ait pu confondre dans un aveugle anathème le fond et la forme, le but et les moyens, les théories et les crimes, on ne peut le croire. Qu'un homme d'une vertu si pure eût lui-même ajouté aux angoisses de ses derniers jours par des regrets sans fondement, on ne pourrait s'en consoler. Ne t'accuse pas, sage et courageux Malesherbes : ne t'accuse pas quand on t'admire. N'abdique pas la moitié de ta gloire ; cette gloire unique est dans l'alliance de tes principes et de tes actions, de tes lumières et de ton sacrifice, de ta vie et de ta mort. Ne te réduis pas à des vertus que leur séparation eût rendues plus faciles, et que ton nom reste à jamais l'emblème d'une sainte fidélité aux droits des peuples, comme au malheur des rois! . . . .

En vain Malesherbes croit trouver quelque repos dans la solitude. Il n'oubliera pas sa douleur : on n'oubliera pas son courage. L'échafaud de Louis XVI est toujours là devant lui ; mille souvenirs déchirans le poursuivent ; ce dénûment d'un roi de France manquant de tout dans sa prison ; cette histoire des Stuarts que l'infortuné prince lui a demandée comme pour apprendre son sort ; cette fille des Césars repoussant d'infâmes outrages par l'indignation d'une mère et la majesté d'une reine ; madame Élisabeth, cet ange descendu du ciel, et qu'on va massacrer sur la terre ; ce jeune orphelin qui s'éteindra dans les horreurs de l'abrutissement moral et d'un dépérissement calculé. . . . .
Ah ! le défenseur, l'ami, le consolateur de Louis XVI n'aura plus de repos que dans la tombe ; il ne l'attendra pas long-temps.

A la fin de l'année qui avait commencé par le meurtre du roi, Malesherbes errait tristement dans ses jardins. Tout à coup il aperçoit un groupe de sinistre présage qui s'avance vers sa maison. En tête marchent trois satellites de la terreur; l'air farouche, l'œil menaçant. Ils n'emmènent d'abord que sa fille et son gendre [1]; ils laissent Malesherbes avec ses petits-enfans; mais le lendemain, avant le jour, d'autres brigands reviennent chercher l'autre moitié de leur proie. Cette horrible nouvelle jette la consternation dans la commune; on ose demander quels sont les crimes de Malesherbes, parler de ses bienfaits, répondre pour lui. Ses crimes? Ce ne sont plus les crimes qu'on punit, ce sont les vertus. Il part donc avec ses petits-enfans. Il espère au moins qu'il va rejoindre le reste de sa famille; mais la captivité partagée serait moins affreuse, et ce n'est qu'après un mois des supplications les plus touchantes qu'il obtient la grâce d'être réuni à ses enfans dans la prison de Port-Royal [2].

Heureux sans doute qui peut adoucir ses maux par la résignation! Mais ce triste

[1] M. et madame de Rosambo.

[2] Rue de la Bourbe.

bonheur n'appartient qu'aux âmes fortes. Malesherbes, inébranlable sous les coups de l'adversité, se livrait au travail, à la conversation; il consolait sa fille, il rassurait son gendre, il cherchait à distraire ses petits-enfans. Mais bientôt l'infortuné Rosambo est conduit au tribunal révolutionnaire, c'est-à-dire à la mort. Malesherbes compose sa justification : elle était facile! Avant qu'elle pût être distribuée à ces bourreaux qui se prétendent des juges, l'exécuteur entraînait la victime. Le lendemain, Malesherbes comparaît à son tour devant ce tribunal de sang; mais cette fois, guéri de l'espérance, ou indifférent à sa propre vie, il renonce à se défendre, et ne répond aux accusations que par un silence méprisant. « Celui qui avait » défendu volontairement Louis XVI, dit » M. de Châteaubriand, ne trouva pas de » défenseur volontaire [1]. » On lui nomma un avocat d'office. Il entendit son arrêt sans plainte et sans émotion. Sa douce et spirituelle gaieté ne l'abandonna même pas. Le char homicide s'avance; les mains liées, il trébuche contre une pierre : « Voilà ce qui

[1] Mélanges Littéraires, tome XXI.

» s'appelle un mauvais présage, dit-il à son » voisin, à ma place un Romain serait rentré. » Sa fille, ses petits-enfans[1] sont exécutés avant lui, devant lui : il sera sûr, en mourant, qu'aucun hasard heureux, qu'aucune révolution soudaine, que rien ne peut plus les sauver; après cette horrible agonie, ce supplice multiplié, le coup fatal ne fut pour lui que la fin de ses tourmens[2]. Bien des années après, un des juges qui avaient condamné Louis XVI fit élever dans ses jardins un monument à Malesherbes.

On est saisi de douleur et d'effroi, en songeant que les premiers amis de la liberté ont presque tous été ses premières victimes. Que leurs derniers momens furent amers! Calomniés par les ennemis du peuple, conduits à l'échafaud par le peuple, ils durent désespérer d'un pays où leurs principes produisaient de tels fruits, où leurs efforts recevaient une telle récompense. Pouvaient-ils croire encore à cette liberté sage qu'ils avaient appelée de leurs vœux patriotiques? Hélas! elle

[1] Mme. de Rosambo, M. et Mme. de Châteaubriand.
[2] Le 22 avril 1794.

ne parut que long-temps après eux! Leur sang ne suffisait pas encore pour l'acheter; il fallut le supplice d'un roi, l'exil de sa race, une horrible anarchie, le poids accablant du despotisme et l'orgueil insensé de la victoire; il fallut l'aveuglement de la restauration, ses innombrables fautes, sa mauvaise foi, ses violences, et sa révolte déclarée contre les lois du pays. Lorsqu'enfin, après les journées de juillet, les vœux de ces généreux citoyens furent surpassés, il ne restait plus d'eux que leurs mausolées, et la patrie, trompée dans sa reconnaissance, ne peut plus couronner que leurs statues. O vous qui recueillez le prix de tant de sacrifices, jeune et heureuse génération à laquelle j'appartiens, qui vit naître en 1814 et se développer en 1830 une Charte libérale, n'oubliez jamais tout ce qu'elle a coûté. Honorez la mémoire de ceux qui l'ont préparée par leurs écrits et leurs discours; honorez-la surtout en conservant leur ouvrage. Ne demandez plus rien au delà : au delà c'est l'anarchie. Ne recommencez pas sans cesse des expériences dangereuses sur la société. Hommes nouveaux, vous êtes les vrais appuis de ce gouvernement nouveau. Également étrangers aux préjugés de l'ancien régime et de la restauration, au fanatisme sanguinaire de 1793 et à la servilité de l'empire, vous devez à des études sérieuses cette maturité politique qui éclaire une nation sur ses droits ; au sang français, ce courage et cette énergie qui lui en assurent la jouissance : joignez-y la sagesse et la modération qui les sauvent du désordre. Je le sais, je le sens, la liberté, l'égalité, sont des biens inestimables ; mais sans l'ordre on ne jouit ni de la liberté, ni de l'égalité : sans ordre il n'est pour les nations ni bonheur moral, ni prospérité matérielle. Vous désirez appeler l'Europe au partage de tous les droits que nous possédons nous-mêmes : montrez donc à chaque peuple que le contrat social n'est plus une chimère philosophique, et qu'il peut se réaliser aujourd'hui sans être promptement déchiré par le poignard de l'anarchie ou le sabre du despote.

FIN

www.ingramcontent.com/pod-product-compliance
Lightning Source LLC
LaVergne TN
LVHW010057230826
846091LV00005B/1978

* 9 7 8 2 0 1 2 4 6 3 0 6 6 *